TROIS RÉPUBLIQUES

DEUX EMPIRES

TROIS MONARCHIES

EN UN SIÈCLE

> La parole est à la France, et l'heure est à Dieu.
>
> *Lettre d'Henri V*, 8 mai 1870.

EN VENTE

CHEZ TOUS LES LIBRAIRES

1871

TROIS RÉPUBLIQUES

DEUX EMPIRES

TROIS MONARCHIES

TROIS RÉPUBLIQUES

DEUX EMPIRES

TROIS MONARCHIES

EN UN SIÈCLE

La parole est à la France, et l'heure est à Dieu.

Lettre de Henri V, 8 mai 1870.

EN VENTE

CHEZ TOUS LES LIBRAIRES

—

1871

AVANT-PROPOS

La France, déchirée par les ennemis du dehors et par ceux du dedans, vaincue par les premiers, victorieuse des seconds, s'arrête effrayée encore et regarde l'avenir.

Étonnée de sa défaite, incertaine de sa victoire, elle a soif de sécurité, de stabilité, d'honneur, mais ne sait à quel sauveur ou à quelles institutions demander ces biens.

Après trente ans de guerre, quinze au commencement de ce siècle et quinze autres qui viennent de finir, et un million d'hommes sacrifiés, elle s'effraye de se retrouver plus petite et plus faible que lorsqu'elle échappait à la tutelle de ses rois.

Après quatre-vingts ans de révolution, elle s'étonne de se sentir toujours plus chancelante sur ses bases, plus incertaine du lendemain, plus divisée par les partis, plus accessible aux invasions de l'étranger, aux tyrans de l'extérieur et aux tyrans de l'intérieur.

imposer de nouveaux gouvernements. Les uns l'ont laissée épuisée, brisée, ruinée; — les autres ont commencé à guérir ses blessures, lui ont donné du repos, du bien-être, de la prospérité. Mais ils se succédaient si rapidement, les suites malheureuses des premiers entravaient si fatalement les bienfaits des seconds, que les esprits confondus n'en ont conservé qu'un vague souvenir. — Examinons donc quels furent les différents systèmes qui ont régi notre siècle, et voyons quels sont ceux qui ont droit à nos bénédictions ou à nos anathèmes.

La forme républicaine, la première, sera l'objet de cet examen.

TROIS RÉPUBLIQUES

DEUX EMPIRES

TROIS MONARCHIES

EN UN SIÈCLE

LA PREMIÈRE RÉPUBLIQUE.

La république de 93 ne nous a laissé que des souvenirs odieux. — Commencée par la révolte contre les lois du pays [1], elle renverse la royauté, arrête violemment une ère de réformes qui promettaient le bonheur de la France et la livre au pouvoir d'assemblées qui vont transformant, renversant tout [2], jusqu'à ce qu'elle tombe sous la tyrannie de quelques hommes, fous d'illusions et d'erreurs, ivres de sang et de carnage.

Leur règne s'appelle *la Convention*, et se résume dans l'histoire sous le mot de *Terreur*. Déjà avaient eu lieu les massacres de septembre pendant lesquels périrent égorgées, sans jugement, plus de mille victimes, toutes innocentes, entassées dans les prisons de Paris. La Terreur organisa mieux le meurtre et les supplices. — La guillotine, établie institution publique, fonctionna pendant trois ans, sacrifiant

---

1. La représentation nationale venait de proclamer la monarchie, loi fondamentale de la Constitution.

2. Nous voyons dans un journal du temps que plus de 15,000 lois avaient

sous son couteau tout ce qu'il y avait de plus pur et de plus noble en France. — Ce fut d'abord le meilleur des rois, condamné à cette mort honteuse par un tribunal sans droit... Puis la reine et sa sœur, deux femmes héroïques dont la grandeur fait l'envie de tous, et la vertu l'admiration de l'histoire ; enfin leur fils, enfant innocent, qui expire en prison après deux ans de supplice.

Mais ne croyez pas que la noblesse seule monta sur l'échafaud à la suite de ces royales victimes. Non ; tous les rangs de la société s'y virent confondus. Il s'agit d'être honnête ou soupçonné d'être honnête pour avoir cet honneur ; le vol est la loi, la vertu un crime, la délation une vertu. Chaque citoyen est forcé de dénoncer tous ceux qui lui paraissent suspects de n'être pas amis de la République, et tous les suspects périssent.

Le culte est interdit, les prêtres tués ou proscrits, des statues païennes remplacent sur les autels la croix du Christ.

Lorsque la guillotine va trop lentement, on invente d'autres supplices : la Loire reçut plusieurs fois dans ses flots, des milliers de victimes ; les vaisseaux qui doivent transporter les condamnés en masse à des plages lointaines, s'ouvrent subitement pour les laisser tomber dans la mer. Enfin, à force de tuer des innocents, on finit par tuer les coupables. Soixante-quatorze membres de la Convention sont condamnés à mort par leurs collègues. Robespierre lui-même, le grand ordonnateur de tous ces crimes, accusé de vouloir s'emparer de la dictature, monte sur l'échafaud, et alors la guillotine peut espérer un peu de repos. — Ah ! la belle liberté ! la touchante fraternité !

Faut-il donc s'étonner que les autres nations, effrayées de voir se répandre une telle contagion, se soient armées pour se défendre et pour nous attaquer ? On dit que ce furent les

grés auxquels on a fait un crime irrémissible d'avoir cher-
ché à fuir dans l'exil la mort qui les attendait à Paris. Il est
vrai que réfugiés aux frontières, ils firent des efforts impuissants pour s'organiser et essayer de délivrer la vraie France
qui périssait sous la tyrannie des assassins. Il est vrai que
soixante départements les appelaient et désiraient leur réussite, que la Vendée, espérant leur triomphe, pendant sept ans
ne cessa de lutter contre la République [1], mais les émigrés
furent sans influence sur les étrangers. Ils se liguèrent contre
nous comme on se ligue contre des bêtes féroces qui s'entre-
dévorent entre elles et menacent de vous attaquer. D'abord,
les restes de l'ancienne armée française, grossie de nombreux
volontaires, luttèrent contre eux avec avantage et firent même
de brillantes conquêtes. Mais après six ans d'alternatives de
victoires et de revers, la France, à bout d'hommes, d'argent [2]
et de ressources, était vaincue partout, lorsque Bonaparte
renversa les restes déshonorés de la République, s'imposa en
maître et reçut de Dieu la mission de nous sauver.

LA DEUXIÈME RÉPUBLIQUE.

Elle fut inaugurée en 1848, après qu'une émeute parisienne
eut renversé le gouvernement sous lequel la France vivait en

---

1. Cette lutte fut héroïque et mérita d'être appelée par Napoléon une
guerre de géants. — On vit tous les prodiges que peut enfanter la foi
monarchique et religieuse, lorsque des armées composées de paysans
sans argent et sans armes, sans autres chefs que leurs curés et leur
noblesse, tinrent pendant des années en échec les meilleures troupes de
la république et leur firent subir des pertes incalculables; — En vain on
décréta et exécuta l'incendie de leur pays; leur résistance ne put être
vaincue que par un traité qui leur assurait la liberté religieuse et plusieurs autres.

2. Bonaparte trouva seize francs dans la caisse des finances à son retour

paix depuis vingt ans. Pendant trois jours, le sang coula à flots dans les rues de Paris, d'abord par l'assassinat, puis par la guerre civile : c'est toujours là le début, le moyen de la République en France! Les résultats furent, comme de coutume, la misère générale et des lois absurdes qui amenèrent les journées de juin, pendant lesquelles les républicains eux-mêmes s'entretuèrent, et Cavaignac, fils d'un régicide, fut obligé de faire périr la République pour sauver la France d'un retour à la barbarie. Alors on prévint les malheurs qui ne l'ont pas été en 1871, car les projets de la révolution sont toujours les mêmes. En 1848, Caussidière, un des chefs de cette révolution, disait déjà :

« Dites bien à vos *stupides* bourgeois et à vos gardes nationaux, dites-leur que s'ils ont le malheur de se laisser aller à la moindre réaction, quatre cent mille travailleurs attendent le signal pour faire table rase de Paris; ils ne laisseront pas pierre sur pierre, et pour cela ils n'auront pas besoin de fusil, des allumettes chimiques leur suffiront! »

Et une affiche placardée pendant l'insurrection était ainsi conçue :

« Si une obstination aveugle vous trouvait indifférents devant le sang répandu, nous mourrons tous sous les décombres incendiés du faubourg Saint-Antoine. »

La victoire de juin anéantit ces glorieux projets et rassura la société; on la crut plus complète qu'elle ne le fut en réalité. Cinq généraux et quatre mille soldats la payèrent de leur vie, mais le mal n'était que terrassé, et non déraciné.

Quelques mois plus tard, la France consultée, rappelait Napoléon sous le titre provisoire de président de la République, et en 1852, lui donnait l'Empire par dix millions de

LA TROISIÈME RÉPUBLIQUE.

Enfin, une troisième République fut proclamée il y a un an, après la chute de cet empire révolutionnaire qui nous avait jetés si bas. Elle trouva moyen de nous précipiter plus bas encore.

D'affreuses défaites avaient eu lieu, mais la paix était possible moyennant des sacrifices qui ne sont pas le quart de ceux qui nous sont imposés aujourd'hui. On l'a su depuis, ces hommes qui au nom de la France, s'emparèrent du pouvoir en jurant de la sauver, ces hommes eussent pu nous épargner la perte de l'Alsace et de la Lorraine. L'ambition de la Prusse se fût satisfaite de posséder Strasbourg et quelques lieues de territoire : sa cupidité se fût contentée de deux milliards. Des offres furent faites, les autres puissances voulurent intervenir... La France consultée eût accepté à coup sûr. Les césars du 4 septembre refusèrent avec hauteur et décidèrent joyeusement la continuation de la guerre.

La patrie était attaquée, son territoire entamé, la république attira les nuées ennemies jusqu'au centre. Cinq cent mille conscrits pouvaient se former sous une direction intelligente et militaire. Un homme funeste, un avocat! Gambetta, dictateur improvisé par les électeurs parisiens, se chargea d'annuler nos dernières ressources et de paralyser les efforts. Nous l'avons vu se promenant de province en province, comme on l'a dit, pour organiser la défaite, casser les meilleurs généraux, confier le sort de nos armées à des républicains incapables; nous avons su les honteux marchés par lesquels il faisait concourir la ruine de la France à sa fortune personnelle. Nous avons payé les millions qui devaient équiper et nourrir des soldats, et qui ne les empêchaient même pas de mourir de faim et de froid par armées entières, sous le gou-

Nous avons entendu cet homme et d'autres encore aussi aveugles, mais moins coupables peut-être que lui, jeter ces cris plus féroces que sublimes, par lesquels ils forçaient une nation impuissante à une lutte sans espoir! Vous rappelez-vous ce jour où retentit ce mot fameux : « *Luttons jusqu'à l'extinction et épuisement complet des derniers hommes.* » Oh! qu'importait à ces hommes la France, et ses misères et ses martyrs pourvu que la république vécût et leurs pouvoirs aussi. Périsse la France plutôt que la République[1]!

Paris était depuis des années le refuge des révolutionnaires de l'Europe, centre empoisonné qui attirait par ses malsains appâts et ses menteuses promesses ce qu'il y avait de pis dans les bas-fonds d'une grande nation. Tout gouvernement raisonnable aurait hésité à armer ces bandits qui, pour une partie, n'étaient même pas Français. La République, elle, n'hésita pas; elle leur donna les meilleures armes de la France et les chargea de défendre Paris pendant qu'eux juraient de le faire périr de leurs propres mains. Chaque fois que la paix fut possible, ils la refusèrent, mais chaque fois qu'on voulût les conduire à l'ennemi, ils refusèrent aussi. Les sorties de Paris, pâle rayon de gloire sur nos désastres, ne comptèrent pas dans leurs héros un seul des bataillons révolutionnaires, mais seulement les enfants de la province, surtout de la Bretagne, pays de foi monarchique et religieuse.

Enfin, au bout de six mois de ce siége, rendu inutile par la lâcheté de ceux qui l'avaient voulu, vous savez ce qui advint. Une paix cruelle venait d'être signée[2], la

---

1. Une affiche, mise par la commune de Paris, contenait ces mots d'un admirable patriotisme : « La France est morte, vive l'humanité! »

2. N'en oublions jamais les conditions, dues à la folle et orgueilleuse persistance du gouvernement de septembre : L'Alsace et une grande partie de la Lorraine, 5 milliards d'indemnité, l'occupation par l'ennemi pendant

France perdait tout, sauf l'honneur; ils résolurent de la déshonorer devant l'étranger. Profitant de l'armement gigantesque de Paris, ils s'emparèrent des canons, les tournèrent contre leurs frères et menacèrent de mort tout ce qui s'opposerait à eux...

Les honnêtes gens effrayés se laissèrent désarmer. Triste mais commune faiblesse, l'honnête homme aura toujours peur de l'assassin, le propriétaire, du voleur.

Pendant deux mois, ils eurent ainsi le pouvoir et organisèrent le mal et la vengeance. Se venger de quoi? Ils n'en savaient rien, mais depuis des années on empoisonnait ces esprits et ces cœurs. Des journaux payés pour mentir leur disaient qu'il n'y a pas de Dieu, pas de bien ni de mal, pas d'éternité; ils le crurent et se laissèrent aller à tous les instincts de l'homme sans foi, c'est-à-dire sans loi.

Les voilà à l'œuvre, ces furieux; ils pillent, ils volent. Ils font de hideuses lois destructives de toute famille et de toute société. Puis, eux qui avaient tant crié contre la conscription, ils lèvent tous les hommes jusqu'à cinquante ans sous peine de mort, les forcent à marcher contre une armée française et enfin la lutte prête, mais sûrs d'avance de la défaite, ils sont furieux déjà et jurent de se venger par la ruine, l'incendie et la mort des innocents.

Notre armée, fidèle au devoir de l'honneur, entre dans Paris au nom de la France qui l'envoie, et lorsqu'on commence à se réjouir du succès..... des lueurs sinistres se répandent partout. C'est Paris qui est en feu! Ces foyers ardents qui enflamment le ciel même, ce sont ses palais, la gloire de la France, bâtis avec sa fortune, avec le travail et la sueur de ses enfants, bâtis pour orner sa capitale et en faire un objet d'admiration et d'envie pour les nations étrangères! Comprenez-vous cette infamie de brûler la maison de ses pères, l'héritage de ses enfants! et cela devant l'étranger qui eût rougi d'accomplir ces actes de barbarie, mais qui se réjouissait de voir la France se détruire de ses propres mains.

Tous les plans étaient faits pour que la grande ville entière fût détruite; mais il y a une main qui arrête les flots de la tempête et les efforts de l'enfer, même lorsqu'elle les a déchaînés.

Les projets des méchants se tournèrent contre eux. Beaucoup périrent dans les flammes qu'ils avaient allumées, un plus grand nombre les armes à la main. Les hordes de femmes qu'ils avaient armées pour répandre partout l'incendie et la mort furent emmenées prisonnières ou payèrent de leur vie leurs crimes. Comprendra-t-on maintenant ce que c'est qu'un peuple sans Dieu, livré à ses passions? Voyez les hommes et les femmes et leurs enfants aussi, brûlant, tuant et se faisant tuer, et ces flots de sang qui n'éteignent pas les tourbillons de flammes!

Puis, leur défaite accomplie, ils pensent qu'ils ont un moyen de se venger, puisque dès les premiers jours ils ont pris des otages précieux comme gage de la vie des coupables.

L'archevêque de Paris, vieillard vénérable connu pour sa douceur, vingt autres prêtres, les serviteurs des pauvres, des magistrats, des soldats fidèles, sont arrachés des prisons et fusillés ou plutôt massacrés au milieu des insultes de la populace; on sait peu de détails sur la mort de ces justes tombés en bénissant leurs bourreaux, mais ce qu'il y a de sûr, c'est qu'à peine leur sang a-t-il coulé, que les incendies s'éteignent et l'insurrection est vaincue; l'armée s'étonne d'être arrivée à temps pour que la destruction de Paris n'ait pas été complète, et d'avoir subi si peu de pertes après en

n'ait été détruite en dépit de tous leurs efforts[1]. Ah! ne vous étonnez pas! Le sang des martyrs a coulé devant Dieu, il a crié grâce, et, depuis le Calvaire, c'est par les martyrs que Dieu sauve les nations.

Ne vous rappelez-vous pas, dans les journées de juin 1848, qu'un archevêque s'était offert, lui aussi, pour le salut de son peuple? Il sortit seul avec ses prêtres au milieu des combats pour apaiser la rage des insurgés, en disant : « Le bon pasteur donne sa vie pour ses brebis! » Puis, bientôt frappé : « Que mon sang soit le dernier versé! » s'était-il écrié. Et ce fut ainsi : l'émeute était vaincue, aucun coup de fusil ne suivit celui qui venait de faire un martyr.

Voilà ce que nous ont coûté les trois Républiques! et vous voulez que nous les regrettions, vous voulez que nous recommencions sans cesse d'aussi ruineux essais?... Oh non, la France, si forte qu'elle soit, ne pourrait supporter souvent de pareilles secousses! Sa gloire, déjà si ternie par les hontes de la Terreur et de la Commune, s'effacerait sous de nouvelles taches... Vous tous, ses enfants, qui aimez la liberté, l'honneur, la France, craignez la république, car elle a toujours été pour notre patrie la tyrannie, la guerre, la mort, et pis encore : le déshonneur!

Maintenant voyons quelles sont les traces laissées par les autres gouvernements qui se sont succédé en France depuis un siècle. Jetons un coup d'œil sur ce qu'ils nous ont donné et ce que nous leur avons sacrifié. Deux fois nous avons vu l'Empire et trois fois la Monarchie.

---

1. Notre-Dame et la Sainte-Chapelle, remplies de matières combustibles et situées au centre même de l'incendie, échappèrent comme par miracle à la contagion de ce brasier infernal.

LE PREMIER EMPIRE

Qui ne se rappelle son éclat et ses désastres, et l'auréole glorieuse qui entoure le nom de Napoléon? Cette gloire coûtait cher! Trois millions d'hommes périrent en France et dans l'Europe dévastée; mais sachez bien que c'était moins encore à l'ambition personnelle du conquérant qu'ils furent sacrifiés qu'à l'idée révolutionnaire. C'est la révolution qui armait ses masses et voulait avec elles imposer ses principes au monde entier. C'est parce que l'Empire n'avait pas d'autre base, ne reconnaissait pas d'autre droit que le suffrage universel, qu'il a attaqué toutes les monarchies, fait la guerre à tous les gouvernements d'ancien régime, comme il disait, et c'est parce que peuples et rois ne voulaient pas voir leurs heureux pays empoisonnés, ruinés, asservis par la tyrannie de la Révolution, qu'ils luttèrent contre nous avec tant de persistance. D'abord, pendant dix ans, nous remportâmes de sanglantes mais éclatantes victoires. Mais vint un jour où l'empereur qui avait reconnu tant de fois la vérité et la nécessité de la religion catholique, celui même qui avait rétabli le culte en France s'attaqua, lui aussi, à l'Église, et voulut forcer le pape à épouser ses haines contre les autres nations et à leur déclarer la guerre. Et comme le saint vieillard se refusait à l'injustice et préférait la mort au sacrifice de la liberté et des principes, il fut arraché de son palais, traîné jusqu'en France, abreuvé d'outrages, et Rome annexée à l'Empire. Seulement cette injustice fut la dernière, et par là, de ce moment, tout parut se tourner contre nous : les revers se succédèrent. Napoléon lui-même parut avoir peur : il donna l'ordre de rendre au pape sa liberté; peut-être était-il trop tard; en

trembler l'Europe, détruite ; les alliés, si longtemps vaincus,
vainqueurs à leur tour, pénétrèrent jusqu'à Paris. Maîtres
absolus de notre sort, ils pouvaient se partager la France, la
démembrer au moins, et ils l'eussent fait si un Bourbon
ne se fût trouvé là pour leur imposer la justice et le respect.

LE SECOND EMPIRE

Quant à ce second empire qui vient de finir et dont l'origine était encore le suffrage universel, en nous rappelant trop facilement quel mal il nous a fait, si nous cherchons la cause de ce mal, nous en trouverons une seule : l'idée révolutionnaire.

Qu'était Napoléon III avant d'être empereur ? Un membre des sociétés secrètes italiennes prenant part à toutes les insurrections qui agitaient ce malheureux pays. Deux fois aussi il voulut s'imposer à la France et la plonger dans la guerre civile ! Devenu son maître, il ne renia rien des principes de sa jeunesse. Que d'encouragements secrets donnés aux libéraux ! que de faiblesse devant leur cause ! que de crainte de voir les gens d'ordre, de foi, et les vrais conservateurs arriver à partager le pouvoir avec lui.

« Comment, dit un rapport fait à la Chambre sur les derniers événements, comment le socialisme s'est-il ainsi développé sous l'Empire ? La commission d'enquête aura à le rechercher. Il faut que le monde sache dans quelle proportion le pouvoir absolu qui avait été accepté comme un remède et un préservatif a aggravé le mal. S'il était vrai que dans un intérêt politique inavouable   sociétés secrètes eussent été tolérées
                                                              ment.

confié trop souvent à des hommes qui affichaient hautement des doctrines matérialistes eût contribué à affaiblir le sentiment religieux et les croyances sans lesquelles la loi du dévouement et du sacrifice, la résignation à la souffrance et au malheur deviennent incompréhensibles ; s'il était vrai que le culte des jouissances matérielles eût partout abaissé les caractères et affaibli les intelligences ; si enfin les questions qui intéressent au plus haut degré la dignité de l'homme, celles qui touchent à la religion, à la famille, à la morale, à l'immortalité de l'âme et à l'existence de Dieu avaient été abandonnées aux sarcasmes d'une presse licencieuse, à condition que cette presse ne parlerait ni de César ni de sa politique, la commission d'enquête aurait le devoir de signaler dans ces faits une des principales causes de nos défaites vis-à-vis de l'étranger et de l'horrible lutte qui vient de finir.

« Aux yeux de la majorité de la commission, c'est le despotisme qu'il faut accuser du triste état social dans lequel nous nous trouvons. C'est le régime des vingt dernières années qui a atteint toutes les forces vives du pays dans leurs sources et les a viciées dans leur puissance et dans leur organisation. C'est l'abrogation prescrite en 1864 de la loi qui défendait les coalitions, qui a permis aux ouvriers de former de véritables corps politiques en s'associant dans le but apparent d'obtenir des augmentations de salaire. Elle se demande si cette loi de 1864 n'est pas la cause des grèves si fréquentes des dernières années de l'Empire, ces grèves dans lesquelles les ouvriers apprenaient à chercher dans le bouleversement de la société le bien-être qu'ils ne pouvaient attendre que de l'effort persévérant de chacun d'eux, etc [1]... »

Oui ! il y eut une funeste liberté contre Dieu et contre le

1. Rapport de M. D

bien avec funeste répression de tout ce qui était bon et légitime [1]...

Et pourquoi cette alliance avec l'Italie révolutionaire? Hélas! au point de vue politique, ce fut notre perte. La sagesse de nos rois avait toujours empêché les États voisins de la France de s'agrandir assez pour devenir menaçants. L'Empereur, lui, fit la grandeur de l'Italie : la grandeur de l'Italie et son alliance ont permis à la Prusse de triompher de l'Autriche à Sadowa; le triomphe de la Prusse et l'écrasement de l'Autriche ont fait Sedan et nos désastres.

Politique folle qui semble inspirée par le mauvais génie de la France! Pendant dix ans, avoir semblé se plaire à augmenter ses ennemis, à aliéner ses alliés naturels, et une fois seul en face du colosse prussien, dont on aurait pu arrêter si facilement la croissance, seul, sans armée, déclarer la guerre à une armée de douze cent mille hommes [2]!

Mais d'où viennent de tels aveuglements? — Les anciens disaient :

« Ceux que Jupiter veut perdre, il les aveugle. »

Et les chrétiens croient aussi qu'il y a chez les maîtres des peuples des fautes qui amènent infailliblement l'aveuglement, et par l'aveuglement la perte de ceux qui les ont commises; de ce nombre sont chez les nations catholiques les fautes commises envers l'Église, et s'il en est vraiment ainsi, si l'histoire ne nous trompe pas, pourquoi ne consentirions-

---

1. Pendant que les sociétés de francs-maçons autorisées partout recevaient pour grand-maître un maréchal de France; la société de Saint-Vincent de Paul, l'appui, la consolation du pauvre, était décapitée par la suppression du Comité central.

2. Au début de la guerre nous avions à peine 210,000 hommes prêts à

nous pas à reconnaître qu'au point de vue religieux comme au point de vue politique l'Italie fut notre perte.

...C'est grâce à nos victoires de 1860 que la Révolution y règne depuis ce temps, menaçant tout ce qui est bon, dépouillant le clergé, insultant la religion, déchaînant toutes les passions mauvaises. Un pacte glorieux liait la France à la papauté. Nos rois lui avaient donné le pouvoir temporel pour garantir la liberté de l'Église et mettre la vérité et son représentant en dehors de tous les pouvoirs étrangers et des tyrannies politiques[1]. Napoléon trouva qu'une telle institution était trop grande pour être soutenue par lui. Il jura de la détruire tout en paraissant la protéger, il la livra aux convoitises révolutionnaires, et l'entoura d'ennemis. Après avoir promis au pape, lors de son entrée en Italie, la garantie de ses États, il permit à Victor-Emmanuel d'en prendre plus de la moitié et d'écraser la faible et glorieuse armée composée en grande partie de Français qui les défendaient : ils périrent à Castelfidardo, sous le nombre des assassins armés par l'Italie et envoyés par Napoléon III.

Le pape restait avec Rome pour asile et s'était vu garantir cette dernière possession par la convention de septembre. Cette convention était-elle un mensonge ou une trahison? On ne sait; mais un jour funeste nos troupes quittaient Rome, l'abandonnant à la révolution, et ce même jour, 6 août 1870, la défaite sanglante subie par nos armées à Wissembourg, faisait comprendre aux catholiques que Dieu,

---

1. En 755, Pépin Ier, roi de France, donna à Étienne II l'exarchat de Ravenne et la Pentapole, dont les Lombards s'étaient emparés. — Charlemagne et Louis le Pieux y ajoutèrent plusieurs villes, dont celle de Rome. — Des princes italiens et les empereurs d'Allemagne complétèrent ce pouvoir temporel que Napoléon Ier appelait lui-même « l'œuvre des siècles, —

que nous avions abandonné, nous abandonnait à son tour et
allait nous livrer pour un temps au moins au pouvoir de nos
ennemis ; puis les désastres se succédèrent, et après la chute
de la France vint Sedan qui fut la chute de l'Empire.

Mais rappelez-vous le 6 août... Rappelez-vous que deux
fois l'Empire a été pour nous l'invasion, la ruine et la honte,
qu'il ne nous a laissé qu'une France démembrée, mutilée,
au pouvoir de l'ennemi, pleurant son armée entière prison-
nière à l'étranger, et à l'intérieur son honneur et sa liberté.

Rappelez-vous deux cent mille victimes et leurs familles
désolées, appelant les malédictions du ciel sur leur bourreau.

Et si vous aimez l'humanité, la gloire et la France, mau-
dissez l'Empire !...

LA PREMIÈRE MONARCHIE DU SIÈCLE

Cependant, au commencement de ce siècle, nous avions la
monarchie et une monarchie qui datait de quatorze cents ans,
représentée par un roi qui fut appelé l'homme le plus ver-
tueux de son temps. Que d'espérances au début de ce règne,
qui, sans la révolution, eût été un des plus glorieux de notre
histoire ! A l'intérieur, son premier acte fut le rappel des
anciens parlements, suivi de réformes de toutes sortes et
d'essais de progrès continus dans l'administration et le gouvernement. — A l'extérieur, la France, recréant tout à coup
une marine, lutta glorieusement pour l'indépendance des
États-Unis contre l'Angleterre, qui, au bout de quatre ans,
était vaincue en Amérique et sur le continent. Mais, dès les
premiers jours de son règne, Louis XVI avait vu les défauts
de cette société française qui, comme toutes les choses de ce

vée aux abus et à la corruption. Il voulut les réformer et que
dans tout le pays pas un coin de terre ne souffrît sans qu'il
y fût porté remède, et ce remède, écoutons Necker le définir,
en 89, au nom du roi : « Il n'y a qu'une seule grande politique nationale, qu'un seul principe d'ordre, de force et de
bonheur, et ce principe, c'est la morale la plus parfaite. »
Chaque province fut invitée à nommer ses représentants
chargés d'apporter aux états généraux toutes ses plaintes
ou ses désirs formulés, en des cahiers écrits par la noblesse,
le clergé et le tiers état. Ces cahiers nous ont été con-
servés jusqu'à ce jour. Nous avons ceux de la noblesse,
et nous pouvons juger de ses généreuses aspirations : d'un
bout de la France à l'autre, elle demande les réformes qu'on
appellerait aujourd'hui les plus libérales : l'abolition des tri-
bunaux d'exception, l'inviolabilité de la propriété, la liberté
individuelle, la liberté du commerce et de l'industrie, la pos-
sibilité pour tous d'arriver à toutes les fonctions publiques,
enfin elle voudrait que les droits des Français fussent écrits
dans une Constitution nouvelle qui donnerait à la représen-
tion nationale le droit de voter l'impôt et les lois exécutées
par un *ministère responsable*. Voyez, que demandez-vous
de plus, après un siècle, que ce que demandaient nos pères,
et qu'avez-vous le droit de leur reprocher?

Tous ces biens ils les ont estimés avant nous, et tant,
qu'ils y ont *tout sacrifié*. Dans une nuit célèbre, celle du
4 août 1789, la noblesse, réunie au clergé, votait librement :
l'abolition de ses droits et de ses priviléges, de la dîme, des
honneurs féodaux, et proclamait ces fameux principes de 89
dont on vient faire honneur à la République, mais qui furent
proclamés, entendez-le donc, par ceux-mêmes que vous
accusez d'être leurs ennemis. Qu'ils soient vérités sublimes
ou grossières erreurs, il est juste que leurs suites heureuses

Mais à peine furent-ils proclamés, que la Révolution, loin de se montrer satisfaite, en empêcha l'application, excita les passions populaires, renversa la Constitution, au nom de la liberté priva les citoyens de toute liberté, au nom de l'égalité proscrivit la moitié de la nation. Vous savez la suite; le pouvoir royal fut rayé de la Constitution jusqu'à ce qu'il pérît avec elle sur l'échafaud; le roi, emprisonné et abreuvé d'outrages avec toute sa famille, souffrit pendant une longue captivité tout ce que peut souffrir un roi, un époux, un père. Un jour c'était la tête sanglante d'une des femmes les plus belles et les plus parfaites, tendre amie de la reine, que l'on exposait à ses yeux, sur une pique, pendant que les *cannibales mangeaient son cœur*. Un autre jour c'était le fils de Louis XVI, un enfant innocent et charmant, mort après deux ans de supplice et de prison, que l'on maltraitait exprès sous les yeux de sa mère à laquelle il avait été arraché.

On sépara les unes des autres ces royales victimes, leur retirant jusqu'à la consolation d'un serviteur fidèle, et les laissant isolées, exposées aux insultes des bourreaux.

Voilà quelque chose de ce qu'ils eurent à souffrir, et comment y répondirent-ils? L'histoire ne nous a pas transmis de leur côté un mot de vengeance ou de plainte, mais leurs ennemis eux-mêmes ont dit leur patience, leur douceur, vis-à-vis d'eux et de la mort.

Le jour même où on apprit au roi sa condamnation définitive, on le trouva méditant avec sérénité. Depuis deux heures, dit-il, « je recherchais dans ma mémoire, si, pendant mon règne, j'ai donné à mes sujets quelques sujets de plainte contre moi. — Eh! bien, je vous le jure dans la sincérité de mon cœur, devant Dieu, j'ai constamment voulu le bonheur de mon peuple, et je n'ai pas formé un seul vœu qui lui fût

« Dans ses derniers adieux d'avec sa famille, mon père, dit Mme Royale, la seule qui échappa à ce martyre, mon père nous fit promettre à tous de ne pas chercher à venger sa mort, et, s'adressant à son fils : « Mon fils, lui dit-il, vous « avez entendu ce que je viens de vous dire, mais comme le « serment est plus sacré que la parole, jurez en levant la main « que vous accomplirez les dernières volonté de votre père[1] ».

Sur l'échafaud enfin, les mains liées comme un criminel, il éleva la voix vers le peuple comblé de ses bienfaits et qui le condamnait à mourir : « Je meurs innocent de tous les crimes qu'on m'impute et pardonne aux auteurs de ma mort. Je prie Dieu que le sang que vous allez répandre ne retombe jamais sur la France. » Hélas! le vœu du martyr n'a pas été exaucé, et, depuis son crime, le sang de la France n'a cessé de couler sur les champs de bataille et dans les révolutions.

LA DEUXIÈME MONARCHIE DU SIÈCLE

Ce fut la Restauration qui succéda aux désordres de l'Empire. L'Europe victorieuse pouvait tout. Un Bourbon parut; il revendiqua la France comme sa patrie et défendit qu'il fût porté atteinte à son honneur. Pendant que l'injustice et l'ignorance l'accusaient d'être revenu en s'appuyant sur l'étranger, lui, sans armée, sans autre force que le souvenir de la force de ses pères, il lutta seul contre les vainqueurs, disputa pied à pied au congrès de Vienne ce sol français que déjà l'on voulait entamer, et si l'Alsace nous fut conservée, c'est parce que le fils des rois qui l'avaient conquise déclara à l'Europe qu'il ne reviendrait jamais dans la

France démembrée, amoindrie, et qu'il exigeait comme condition de son retour la conservation intégrale de notre territoire. Une histoire plus que libérale et anti-royaliste est obligée à ces aveux : « Les souverains voulaient démembrer la France. Grâce aux négociations du duc de Richelieu, ministre de Louis XVIII, leurs intentions furent changées. Alexandre donna de sa main au duc, en biffant ce qu'ils sacrifiaient, les limites qu'ils avaient d'abord assignées. L'Alsace, la basse Lorraine, le Hainaut, la Flandre, une partie de la Champagne et du Bugey étaient en dehors de ces limites. » Nous les devons à la restauration.

Oui l'Europe s'inclina devant la faiblesse vénérable du frère de Louis XVI, elle s'inclina devant le drapeau blanc, jura qu'il ne lui serait point fait de taches, que les frontières conquises par lui seraient conservées, et nous rendit la patrie et la liberté grâce à Dieu et au roi !

Aussi quelle joie dans cette délivrance ! Vous qui n'êtes plus jeunes, n'y avez-vous pas pris part ou n'en avez-vous pas entendu l'écho dans les récits de vos pères ? On me l'a dit, et j'en ai lu partout le témoignage, ce n'était chez le peuple que fêtes et réjouissances. On mêlait les malédictions pour le tyran disparu aux bénédictions pour le Père qui revenait ; la joie était partout, mais plus vive encore chez les classes qui avaient porté plus lourdement le poids de la guerre. Que de chansons datent de cette époque ! Demandez aux vieillards s'ils ne furent pas heureux alors ?

A l'intérieur, pour la première fois depuis quinze ans, le pays retrouvait une sage liberté et le régime parlementaire tant vanté, tant désiré de nos jours. Les lois les plus justes étaient votées, les énormes impôts laissés par l'Empire acquittés à force d'ordre et d'économie, sans augmentation des charges populaires, problème qui force encore à l'admiration tous les ennemis mêmes de la Restauration. Les lettres et

les arts, la philosophie, prenaient un essor admirable grâce à
l'alliance de la protection et de la liberté. A l'extérieur, nous
retrouvions en un instant, après des désastres inouïs, le respect de l'Europe et une influence inespérée sur sa diplomatie.
Nous faisions avec succès et presque sans pertes quelques
campagnes qui troublèrent à peine la paix profonde dont on
jouit pendant quinze ans : ce furent la guerre d'Espagne qui
y rétablit l'ordre, la guerre qui rendit l'indépendance à la
Grèce; malgré l'Angleterre, nous nous emparions de l'Algé-
rie, la seule conquête qui nous soit restée depuis un siècle,
et enfin la France, respectée de tous, allait peut-être obtenir
de la diplomatie ses frontières naturelles avec la révision
des traités de 1815, lorsque la révolution de Juillet éclata.
Elle ne fut pas l'œuvre du pays qui y resta étranger et
d'abord hostile. Comme à l'ordinaire, une opposition parlementaire qui cachait de basses ambitions avait miné le trône
de Charles X depuis plusieurs années. Le jour venu, elle
suscita une émeute populaire dans les rues de Paris. Un
prince d'Orléans, comblé des bienfaits de la branche aînée,
la soudoya et en profita. Le vieux roi, consulté pour savoir
s'il fallait lutter plus longtemps contre la révolution, dédai-
gnant de conserver une couronne au prix du sang de ses
sujets, refusa et reprit volontairement le chemin de l'exil.

LA TROISIÈME MONARCHIE DU SIÈCLE.

La Révolution triompha, mais sous une forme de monarchie constitutionnelle qui prévint de trop grands malheurs,
et pendant les dix-huit années du règne de Louis-Philippe,
si la France n'acquit aucune grandeur morale, si les idées
révolutionnaires y prirent croissance, cependant il y eut ce

que vous appréciez, vous peuple des campagnes, l'ordre, la
paix, la richesse matérielle et un rayon de gloire militaire
par nos guerres africaines. Puis quand vint la révolution de
48, le roi, — qui après tout était un Bourbon ! — voulut aussi,
lui, arrêter le sang français, et, pensant que celui qui avait
fait 1830 devait subir 1848, il s'inclina, dit-on, devant les
jugements de Dieu et quitta Paris.

Vous le voyez donc, si le sang coule dans les rues, c'est à
la révolution seule que vous le devez.

Après cette esquisse incomplète des différents effets
qu'eurent pour la France les gouvernements qui s'y sont succédé depuis un siècle, résumons la question par des chiffres
et laissez-moi la présenter en finissant sous un point de vue
matériel qui a bien son éloquence.

Un journal non royaliste, mais organe du monde finan-
cier, le *Messager de Paris,* nous présente les rapproche-
ments et les conclusions suivantes :

« En 1814, lorsque la Restauration succéda à l'Empire,
les impôts s'élevaient à 990 millions. Pendant quinze ans ils
ne subissent pas d'augmentation, mais au lendemain de la
révolution de 1830 ils augmentent de 230 millions. Pendant
les dix-huit années de la monarchie de Juillet 300 millions
s'ajoutent aux contributions. La République de 48 les augmentent encore de 350. Enfin, l'Empire, après neuf ans seulement, avait poussé le budget jusqu'à 2 milliards 50 millions,
1 milliard de plus que la Restauration.

« Quant au budget futur de la France dont lui et la République du 4 septembre peuvent se partager l'honneur, vous
ne savez que trop que les fruits d'une guerre folle et désas-
treuse le porteront à 2 milliards 500 ou 600 millions au
moins.

qu'en demandant à la population des contributions de plus en plus considérables. En tenant compte des accroissements de cette population, on trouve que chaque habitant a payé annuellement au trésor :

Restauration.	32 fr.
Monarchie de Juillet.	35
République.	42
Empire.	55

« De tous ces gouvernements, la Restauration a été le seul qui n'ait pas accru la dette de la France après avoir payé les 2 milliards laissés par l'Empire par les seules ressources de l'ordre et de l'honnêteté [1].

MONARCHIE OU RÉPUBLIQUE

Maintenant nous voici de nouveau en présence de ces deux systèmes. Les campagnes, comme de coutume, expriment par leurs votes le besoin de l'ordre, l'instinct monarchique et religieux. Les villes, proie facile de la propagande révolutionnaire, population en outre remuée incessamment par les passions, haïssant toute autorité, impatientes de tout joug, aspirant à la République comme à un moyen de liberté du mal.

Voulez-vous voir la France se livrer de nouveau à cette utopie funeste qui depuis un siècle a fait son malheur et sa ruine ?

1. Il manque à ce calcul l'accroissement de l'impôt pour chacun dans le bud et de l'année 72. — Il devra faire monter la part de chaque habitant

Voulez-vous déchaîner toutes les passions mauvaises et sacrifier les bons, les justes, les honnêtes aux mauvais, aux impies et aux révolutionnaires?

Voulez-vous la tyrannie du mal et l'oppression du bien?

Voulez-vous voir se réaliser le plan éternel de la révolution, la destruction de la religion en France, la destruction de la famille?...

Écoutez. La Révolution trouvait qu'elle n'avait pas fait assez de mal, pas répandu assez de sang, pas coûté au monde assez d'argent et assez de larmes!... alors elle s'est organisée et a juré que pas une ville de l'Europe ne pourrait rester en dehors de son influence funeste, qu'elle pénétrerait partout et infecterait la race humaine de son poison.

Il y a dix ans environ, s'est fondée cette société célèbre à laquelle nous devons le siége et la destruction de Paris, l'Internationale. Vous connaissez ses actes, écoutez ses lois et ses desseins qui nous sont révélés par les publicistes de l'Internationale eux-mêmes dans les congrès tenus par eux.

« Nous voulons, dit l'un d'eux, la liberté de tous et l'égalité de tous, c'est-à-dire la révolution sociale; la révolution signifie la destruction complète des institutions bourgeoises et leur remplacement par d'autres... Nous voulons faire table rase et tout reconstruire à neuf. » (29 sept. 1870.) « La propriété paralyse le développement de la société et consacre l'injustice et l'inégalité... » « La société a le droit d'abolir la propriété individuelle du sol et de la faire rentrer dans la communauté. Il y a nécessité de faire rentrer la propriété du sol à la propriété collective. » (Décision du congrès de Bâle.)

D'abord les idées religieuses avaient été éloignées des sujets traités par la société pour éviter de diviser les esprits, mais cette réserve ne dura pas longtemps. Au congrès de

risés s'écrie : « Nous ne voulons plus de gouvernements, car les gouvernements nous écrasent d'impôts; nous ne voulons plus d'armées, car les armées nous massacrent ; nous ne voulons plus de religions, car les religions étouffent l'intelligence. Nous v... »

Leurs doctrines s'affirment de plus en plus. En 1869, le programme d'un de leurs comités, celui de Genève, dévoile tout. Voici le texte officiel :

« L'Alliance se déclare athée; elle veut l'abolition des cultes, la substitution de la science à la foi et de la justice humaine à la justice divine, l'abolition du mariage en tant qu'institution juridique, politique, religieuse. Elle veut l'abolition définitive et entière des classes et l'égalisation politique, économique et sociale des deux sexes, et pour arriver à ce but, elle demande avant tout l'abolition du droit d'héritage, afin qu'à l'avenir la jouissance soit égale à la production de chacun, etc... » On s'arrête; pourquoi continuer ces folies ? Vous en avez vu le complément, le développement logique dans l'insurrection de Paris. Pour renverser l'ordre social, ils commencent par brûler et incendier, ils proclament l'égalité de la femme illégitime et même sa supériorité sur la femme légitime. Ils ordonnent l'assassinat et ne craignent pas, *pour délivrer le peuple*, objet de leurs soucis, de faire périr des milliers d'innocents dans les flammes.

L'Internationale se répand partout. Il n'y a pas de ville, bientôt il n'y aura pas de campagne échappant à sa contagion [1]; toutes les classes sont également menacées; ne dites pas que l'on ne s'attaquera qu'aux nobles et aux prêtres, ils

---

1. Plusieurs grandes villes de France, Nancy, Bourges, etc., ont déjà porté des traces de ces incendies. De nombreux villages en Autriche et des villes entières en Amérique périssent par le feu, laissant errer comme des trou-

sont trop faibles pour être l'objectif de la révolution; cette fois, ce sont les bourgeois et le vrai peuple auxquels elle s'adresse — les bourgeois qui ont aidé tant de fois son triomphe, le peuple qu'elle a jadis tant flatté. Le dernier écho de cette rage inique nous arrive d'Angleterre : lisez et tremblez :

« Un jour viendra où nous serons de nouveau maîtres de la place.

« Il n'y aura plus de grâce, plus de merci pour les tueurs de juin 48 et de mai 71.

« Nous faucherons vos têtes seraient-elles couvertes de cheveux blancs et cela avec le plus grand calme.

« Vos femmes et vos filles nous n'aurons plus pour elles ni respect ni pitié. Nous n'aurons que la mort jusqu'à ce que votre race maudite ait disparu à jamais.

« A bientôt messieurs les bourgeois [1] ! »

Voulez-vous que ce règne du mal s'établisse et lui prêter des armes ?

Alors laissez la puissance mauvaise s'établir, facilitez-lui la voie en faisant par vos votes la République, régime facile qui ouvre la porte à tous les révolutionnaires et n'a pas la force de comprimer leurs excès. Un journal [2] résume heureusement l'idée qu'on se fait du régime républicain : « Triomphe de la démagogie; — le peuple substitué à la nation; — liberté illimitée ou licence; — agitation inces-

quelle est cette main funeste qui sème partout le feu et la mort. Ne cherchez pas d'autre nom que l'Internationale.

Son dernier congrès tenu à Londres... estime à six millions le nombre de ses membres, et leur recommande de redoubler de zèle et d'efforts pour arriver à la réussite de leur programme (destruction générale et universelle) au moyen de principes politiques (la république).

1. Congrès de Londres, décembre 1871.

sante; — participation de la multitude ou de l'ignorance au gouvernement; — autorité sans cesse disputée, et par conséquent nulle; négation de tous les droits anciens; — haine de toutes les supériorités; — lutte constante, acharnée entre le propriétaire et le prolétaire, le riche et le pauvre; — changements à vue. des systèmes administratifs, des chefs et des agents du pouvoir; — déclassement perpétuel; — surexcitation de toutes les passions politiques;—tohu-bohu général.»

La République, pour la France, c'est l'anarchie, c'est la Terreur, c'est Robespierre, c'est Danton, c'est le meurtre de Louis XVI, c'est Gambetta, c'est l'invasion et c'est la ruine, c'est l'incendie de Paris et l'Internationale.

Le même journal cité tout à l'heure résume ainsi l'impression qu'inspire le mot de monarchie; — qui dit monarchie dit : « ordre, —autorité incontestable et incontestée, — forte et permanente, — stabilité et durée du pouvoir, et par suite sécurité chez les citoyens, — fixité dans les principes et les croyances, — administration du pays par les hommes d'élite, — démarcations naturelles des situations sociales, toujours franchissables par le progrès individuel, — compression absolue ou enrayage à temps des passions mauvaises, — prestige, — grandeur, — jouissances légitimes pour tous, etc... »

Si la République s'établit, c'est par la tyrannie et la violence d'une minorité sans foi ni loi. Si la monarchie se rétablit, c'est pour guérir, pour panser les plaies faites par la Révolution, pour pardonner, pour sauver! C'est qu'elle est appelée par toute la France.

DE LA THÉORIE VRAIE DU POUVOIR

Et maintenant que vous avez entendu les folies de l'impiété, écoutez un peu les théories chrétiennes sur le pouvoir, et comprenez qu'elles seules renferment la sagesse et le bonheur des peuples.

Le but de la vie du peuple ne peut être différent de celui de la vie de chacun de nous. Et nous avons été créés pour connaître le bien suprême qui est Dieu, accomplir le bien moral qui est la vertu et par elle arriver au bonheur sur la terre et dans le ciel. Telle est la loi de l'homme, telle est la loi du peuple.

Le but du gouvernement, par conséquent, est de conduire les hommes au plus haut degré de grandeur morale et de prospérité matérielle possible.

Pour l'ordre matériel, il faut l'ordre spirituel. Or l'ordre spirituel, c'est d'abord Dieu comme première autorité, source de toutes les autres. Au-dessous de lui trois pouvoirs : celui de l'Église, celui du Père, celui du gouvernement civil.

Un pouvoir légitime sait qu'il vient de Dieu et demande obéissance au nom de cette origine divine. C'est là le seul droit divin qui ait jamais été réclamé sérieusement.

La nécessité pour les hommes réunis en société d'être gouvernés suffirait seule à prouver que Dieu, ayant voulu la société, a voulu également un pouvoir dirigeant.

« Là où il n'y a personne qui gouverne, dit l'Écriture, le peuple tombe en dissolution. »

Un grand homme ajoute : « Si la société catholique n'était ̄ ́ ́ u ́ernée ́ar un ̄ouvoir ́uelcon ́ue, les hommes deviendraient plus féroces que les bêtes féroces elles-mêmes. Ils ne se mordraient pas, ils se dévoreraient entre eux[1]. »

Dans les sociétés antiques, il n'existait pas de contrats entre les maîtres des peuples et leurs sujets. Aucun frein n'était opposé aux caprices de Nabuchodonosor qui voulait se faire adorer ou de Néron qui s'amusait à brûler Rome pour se distraire.

Les païens appelaient leurs empereurs des dieux... chez les Juifs seulement, nous voyons rappeler aux princes les plus puissants la source de leur pouvoir et leur imposer des lois.

Dieu dit à Salomon : « C'est moi qui t'ai constitué roi de ce peuple. » Et ailleurs : « C'est toujours le Seigneur qui donne à chaque nation un prince pour la régir. » Puis encore, s'adressant aux princes : « Rappelez-vous que c'est le Seigneur qui vous a donné l'autorité dont vous êtes revêtus, et que la puissance dont vous jouissez n'est qu'un don du Très-Haut. Comprenez l'importance de la mesure que je vous confie, car vous n'allez pas exercer la justice de l'homme, mais la justice de Dieu, et tout ce que vous ferez d'injuste retombera sur vous comme un grand châtiment. »

Enfin l'Évangile, qui pose à chaque ligne les premiers principes de la liberté, de fraternité et de vraie égalité, en apprenant aux hommes qu'ils *sont égaux, non devant le monde, mais devant Dieu,* indique au pouvoir son vrai caractère.

« Vous savez, dit Jésus-Christ à ses disciples, que les maîtres des nations les traitent avec empire. Mais moi, je vous dis : Que celui qui veut être le premier soit comme le dernier de tous et le serviteur de ses frères. »

1. Saint Jean Chrysostome.

« Celui qui s'abaisse sera élevé et celui qui s'élève sera abaissé. »

« Vous n'auriez aucun pouvoir sur moi, dit-il à Ponce-Pilate, qui était appelé pour le condamner. Vous n'auriez aucun pouvoir sur moi s'il ne vous avait été donné d'en haut. .. »

Mais les instructions ne sont pas toutes adressées aux princes, elles le sont aussi aux sujets.

Un jour que les Juifs lui montraient *pour le tenter* une pièce de monnaie, ils lui demandèrent : « Maître, est-il permis de payer le tribut?

— De qui est cette monnaie? dit Jésus-Christ.

— De César, répondirent-ils.

— Eh! bien, dit alors le *vrai Maître,* rendez donc à César ce qui est à César et à Dieu ce qui est à Dieu, » et ailleurs : « Le Fils de l'homme est venu, non pour être servi, mais pour servir », obéissance qui n'exclut en rien la liberté véritable, qui consiste à ne relever que de Dieu et de la vérité.

« Si vous pratiquez ma parole vous connaîtrez la vérité, et par la vérité vous arriverez à la liberté. »

Du reste, les saints développèrent tous longuement la nécessité et la source de l'obéissance. Saint Paul a dit :

« Que toute âme soit soumise aux puissances supérieures, car il n'est nulle puissance qui ne soit de Dieu, et tout ce qui est a été ordonné de Dieu, c'est pourquoi celui qui résiste à la puissance résiste à l'ordre de Dieu et ceux qui résistent attirent sur eux la damnation. Le prince est le ministre de Dieu pour le bien. Si tu fais le mal tu auras raison de le craindre, car ce n'est pas sans motif qu'il porte le glaive. Il est le vengeur de Dieu dans sa colère contre celui qui fait le mal. De là l'obligation pour vous tous d'être soumis non-seulement pour éviter la colère, mais pour accomplir un devoir de conscience. Si vous leur payez le tribut ce n'est qu'à ce même titre qu'ils sont les ministres de Dieu, ayant besoin de ce subside pour faire le bien et le servant en cela même. Rendez-donc à tous l'honneur qui leur est dû. A qui le tribut : le tribut; à qui le subside : le subside; à qui l'honneur : l'honneur [1]. » Dans tout cela saint Paul ne dit pas que le roi vient de Dieu, mais le *pouvoir*.

« La royauté, dit un autre saint des premiers temps de l'Église, est l'œuvre de Dieu qui ne l'a établie que pour l'avantage du genre humain, c'est-à-dire, afin que les hommes ne vinssent pas à se dévorer mutuellement comme font les passions, et afin que leur penchant pour toute espèce d'injustice trouvât une digue dans les lois établies par ce même pouvoir. »

C'est pourquoi saint Paul a appelé ministres de Dieu les pouvoirs publics; qu'il a ordonné de leur payer des tributs; qu'il a défendu de leur résister, et qu'il les a proclamés des êtres constitués de Dieu lui-même, pour servir à l'accomplissement de ses desseins sur l'homme.

« C'est par le même Dieu qui fait naître les hommes que sont constitués les rois [2]. »

Mais à leur tour les rois et les empereurs reçoivent de l'Église de fréquentes leçons. « C'est en compagnie de Jésus-Christ que vous exercez le pouvoir et que vous gouvernez l'empire. C'est de lui que vous tenez votre gloire, moins *pour vous en servir* que pour la montrer aux méchants comme une menace qui les décourage et les détourne du crime. Vous devez donc avoir bien soin de conserver intact et pur de toute souil-

---

1. Épitre aux Romains, ch. 13.
2. Saint Irénée.

lure cet instrument de justice que Dieu vous a confié afin de pouvoir le lui rendre un jour tel que vous l'avez reçu de lui [1].

Et, dans nos temps, Fénelon disait à Louis XIV, entraîné par la gloire et les conquêtes à des guerres qui n'étaient pas toujours selon la justice : « Le roi n'a aucune idée de ses devoirs ; il passe sa vie hors du chemin de la vérité et de la justice, c'est-à-dire de l'Évangile », et, descendant dans le détail de ces difficiles devoirs : « Tout ce qui est pris par pure conquête est pris injustement et doit être *restitué* ; les traités de paix ne couvrent rien lorsque vous êtes le plus fort ; la guerre et la victoire, loin de mettre votre conscience en repos, vous engagent non-seulement à la restitution des pays usurpés, mais à la réparation de tous les dommages causés sans raison à vos voisins. »

Où trouverez-vous un langage plus indépendant et plus fier vis-à-vis des rois ?

Admirable union de la liberté et de l'obéissance dans cette doctrine qui en faisant de l'obéissance un devoir moral sauvegarde en même temps sa grandeur et sa dignité ! Rien de plus grand et de plus digne de l'homme que de n'obéir qu'à Dieu, de ne se soumettre qu'à la volonté de Dieu, et de ne prendre que dans sa croyance, dans sa volonté et sa conscience le motif et la règle de son obéissance aux pouvoirs humains. La doctrine contraire, en établissant que tout pouvoir vient de l'homme, l'assujettit à son semblable, ne lui laisse que la nécessité de plier devant la force, devant le nombre, le rabaisse jusqu'à la bête et rend impossible toute société.

1. Saint Grégoire.

DE LA MANIÈRE DONT LE POUVOIR EST CONFÉRÉ.

Dans tout le moyen âge, ce temps prétendu de ténèbres et de tyrannie, l'opinion de tous les Pères et des docteurs de l'Église est : que le pouvoir est conféré de Dieu à toute *société humaine* comme conséquence nécessaire de son existence, mais qu'il est conféré immédiatement et secondairement par le peuple au roi, ou au chef qui la gouverne [1].

Le pouvoir public, considéré en lui-même, vient de Dieu... et aussitôt qu'il a été dévolu à un roi, celui-ci devient le lieutenant de Dieu, et on est obligé de lui obéir en vertu du droit divin et du droit naturel ; mais quant à l'élection qui a fait d'une telle personne un roi ou un chef politique, elle n'est pas directement de Dieu, mais de Dieu par les hommes auxquels appartient le droit de choisir leurs chefs [2]...

Ces principes étaient aussi bien reconnus dans la société civile que chez les théologiens. Dans l'Assemblée de 1488, nous entendons un orateur s'écrier : « S'il arrive que la succession au trône ou la régence soit contestée, à qui appartient-il de décider, sinon à ce même peuple qui a d'abord élu ses rois, qui leur a conféré l'autorité dont ils se trouvent revêtus et en qui réside foncièrement la souveraine puissance, etc., etc. Au XIXe siècle on pense comme au XIVe ; le dernier et le plus savant des écrivains légitimistes [3] a écrit sous la Restauration : « Est-ce que le droit de Charles X n'a pas sa source dans les lois fondamentales du pays ?...

1. Saint Thomas, Suarez, Gerson, etc.
2. Saint Thomas, Suarez, Gerson, etc.

Est-ce que les lois n'avaient pas été consenties par la nation ? Est-ce que soixante assemblées générales, formées des délégués de tout le pays n'avaient pas ratifié, confirmé, sanctionné pendant huit siècles ce droit donné par l'assemblée de Soissons à Hugues Capet et à sa race par ordre de primogéniture ? » etc

Voici pour le droit du peuple de se choisir un gouvernement, mais il n'implique en rien celui d'en changer sans motif ; une fois le pacte fait entre le peuple et le roi, il lie également les deux parties, et rien ne peut justifier la première qui le rompt. Alors trouvent leur application tous les passages cités sur le devoir de l'obéissance.

Mais, dira-t-on, n'est-il jamais permis de s'opposer à tel ou tel acte du pouvoir ?

Oui, si cette opposition est passive, respectueuse, n'entraînant pas la guerre civile ; oui si le pouvoir qui a été donné pour le bien, s'est changé en tyrannie, et met en danger l'existence du peuple. Le peuple entier dans sa *représentation parfaite* (et non pas tel ou tel individu en qui ne réside jamais *aucun droit*), le peuple entier peut résister au pouvoir. Ce qui ne veut pas dire qu'un abus quelconque de l'autorité puisse délier la nation de ses serments de fidélité à celui qui le commet. Non, la raison, le bon sens, les esprits les plus profonds nous disent qu'il faut pour n'être plus obéi, que le pouvoir soit devenu tout à fait tyrannique, mettant en danger l'existence de l'État, la vie des sujets [1].

. . . . . . Dans laquelle de nos révolutions ces conditions se sont-elles trouvées ? Toujours le pouvoir fut renversé *sans cause* par l'ambition et la révolte d'une infime minorité..... Jamais en 93, 1830, 48, 70, la France ne fut consultée.

Ah ! que le peuple soit chrétien, et il connaîtra ses devoirs, au moins aussi importants que ses droits, car c'est par le devoir et non par le droit qu'on arrive au bonheur même terrestre...

« Un peuple chrétien, dit un auteur célèbre, c'est une grande chose; c'est l'œuvre de Dieu, du Christ, de la nature! C'est un corps vivant qui a sa tête, ses membres, son âme, et où tout concourt au bien-être de la communauté... Chacun est à sa place, chacun remplit les fonctions que Dieu et la nature lui ont assignées. Chacun se dévoue à tous et tous se dévouent à chacun. La tête ne méprise pas le corps qui la sert et la protége. Le bras qui travaille et combat n'envie pas les yeux qui le guident...

« Un peuple, c'est encore un arbre séculaire dont les feuilles tombent, mais qui conserve le même tronc, les mêmes branches, la même séve, les mêmes racines. Les hommes meurent, les dynasties, les familles, les mœurs nationales persistent; planté dans le sol fécond de l'Église, vivifié par la charité, cet arbre porte d'abondants fruits de vie et abrite sous son ombre de longues générations... La vraie patrie réchauffe dans son sein tous les enfants qu'elle a portés; les pauvres et les riches, les hommes et les femmes, les grands et les petits, les rois et les sujets, les nobles et les artisans, les prêtres et les laïques... Frères en Jésus-Christ, égaux devant Dieu, égaux devant la loi divine et devant la loi fondamentale du pays, ils le sont aussi devant la loi civile [1]... »

1. Maumigny.

DE LA FORME MONARCHIQUE.

La forme du gouvernement peut et doit varier suivant les peuples et les caractères ; elle doit être en harmonie avec leurs besoins, leurs usages, leurs traditions surtout, car il n'est pas plus possible à un peuple de remonter un courant séculaire, qu'à un individu arrivé à la vieillesse de changer ses habitudes, et à l'arbre courbé par le vent, de se redresser. Quant à l'Église, elle ne se prononce pas pour telle ou telle forme de gouvernement ; elle reconnaît le pouvoir d'une assemblée comme celui d'un roi, mais nous avons vu que ce qu'elle enseigne, c'est le devoir pour le peuple d'obéir au maître qu'il s'est donné, et le *crime* de tout individu ou de toute partie du peuple qui veut renverser le pouvoir établi légitimement.

Les esprits les plus profonds et les plus sages ont toujours mis la forme monarchique au-dessus de toutes les autres; du reste la monarchie étant le gouvernement de la chose publique, peut aussi être appelée — république (*res publica*); et c'est ainsi qu'elle était souvent désignée en France autrefois. Montesquieu a dit : « La monarchie est le régime sous lequel l'État est le plus fixe, la constitution la plus inébranlable, la personne de ceux qui sont gouvernés la plus assurée. »

La loi de l'hérédité n'est pas autre chose que le roi transmettant à son fils, non le royaume, distinguez-le bien, mais ses droits et ses *titres* sur le royaume, comme vous transmettez les

d'avance sans être soumis à tous les caprices du peuple ou plutôt d'une minorité impérieuse.

Toutes les contrées de l'Europe où l'hérédité a été pratiquée se sont développées en grandeur et en prospérité. Toutes celles où le pouvoir a été soumis à l'élection sont tombées dans la décadence ou devenues la victime de l'étranger, comme la Pologne. « L'hérédité, dit M. Guizot, n'a d'autre but que de mettre le droit sur le trône afin qu'il soit partout. L'un des mérites de la monarchie, ajoute-t-il, est de donner à des princes, d'ailleurs médiocres, en ce qui touche le bien de leurs sujets et les intérêts de leur couronne une intelligence et une constance de volonté dont ils seraient incapables s'ils n'étaient rois. »

L'expérience a prouvé que les nations ne durent que sous la monarchie héréditaire. Pour la diplomatie, rien de tel que la tradition : elle seule accomplit les grands plans ; mais elle ne se transmet que par l'hérédité. Quant à la liberté, si elle est possible, ce n'est que sous une monarchie héréditaire, dont les racines sont si profondes qu'elles seules peuvent y résister.

Tout autre forme de gouvernement est de fait ou de nécessité tyrannique.

Mais la monarchie n'a pas seulement des avantages, elle a un type parfait dans la famille qui est la première de toutes es sociétés ; l'élection se retrouve à la base de la société civile comme de la famille. L'obéissance en est la loi, l'hérédité la suite nécessaire ; le bonheur de tous les membres, le but et le couronnement.

Le roi ne peut-il pas être comparé au Père élu par la mère, et auquel les enfants doivent être soumis en tout ce qui est juste et bon ?

Il peut encore être comparé à l'époux chrétien, élu librement, mais qui, une fois élu, reçoit de Dieu l'autorité

choix et sacre, pour ainsi dire, celui qu'elle a élu en lui don-
nant le droit d'être obéi.

Il dit ainsi aux nations : « Je vous donnerai pour maître
celui que vous aimerez. » Cet amour, c'est lui qui le forme
dans le cœur, mais il lui donne le droit de se manifester.

Le roi était jadis le chef aimé de ses sujets, l'époux choisi
de la France, sacré par l'Église et père de ses sujets.

Clovis, Pépin, Hugues Capet, furent élus ainsi et régnèrent
d'après ces droits, dont la réunion prit le nom de *droit divin*.

Nos révolutions, c'est le mariage de la nation et du roi,
rompu sans cause légitime. C'est la nation renonçant aux
glorieux liens que ses pères avaient formés entre elle et ses
rois, et se prostituant à des aventuriers sans droits !

DE LA MONARCHIE FRANÇAISE.

Ah ! cette union de la monarchie et de la France, elle est
bien ancienne, et ce ne sont pas nos révolutions d'un
jour qui peuvent en effacer le souvenir. Formée sous Clovis,
notre premier roi (480), elle se continne pendant quatorze
cents ans sous la loi de l'hérédité, qui n'a jamais été abrogée,
même lorsqu'elle a été violée. Le fils aîné succédant au père,
le frère aîné à son frère, faute d'héritier direct, la nation
n'ayant le droit de se choisir un souverain qu'en l'absence
d'héritier légitime, voilà ce que fut la loi de la France depuis
ses premiers jours jusqu'aux nôtres.

« Aussi, pour nous, n'est-il pas plusieurs monarchies. La
seule, c'est la monarchie vraie représentée par les princes
dont on ne peut prononcer le nom sans prononcer en même
temps celui de la France. L'histoire n'est pas aussi facile à

L'histoire a donné le nom de maison de France à la race qni a conquis et acquis les trente-cinq provinces dont se compose la France, ou plutôt dont elle se composait; car, grâce à la révolution, nous n'avons plus qu'une patrie mutilée [1]. » — « La monarchie, en France, a dit Henri V, son dernier représentant, c'est la maison royale de France indissolublement unie à la nation. Nos pères et les vôtres ont traversé les siècles, travaillant de concert, selon les mœurs et les besoins du temps, au développement de notre belle patrie. Pendant quatorze cents ans, seuls entre tous les peuples du monde, les Français ont toujours eu à leur tête des princes de leur nation et de leur sang. L'histoire de nos ancêtres est l'histoire de la grandeur progressive de la France. »

Les voix les moins suspectes, les esprits les plus dégagés de toute foi religieuse, ou de tradition de famille, reconnaissent cette merveilleuse destinée de la race royale de France pendant tant de siècles. « A toute nationalité, dit M. Renan, correspond une dynastie en laquelle s'incarnent le génie et les intérêts de la nation ; une conscience nationale n'est fixe et ferme que quand elle a contracté un mariage indissoluble avec une famille qui s'engage par le contrat à n'avoir aucun intérêt distinct de celui de la nation. Jamais identification ne fut aussi parfaite qu'entre la maison capétienne et la France !... Cette identification était telle qu'elle excluait jusqu'à la pensée même d'un asservissement de la nation au roi. Le peuple obéissait, il est vrai, mais le roi *obéissait également aux lois du royaume qui ne pouvaient être faites que dans l'Assemblée générale des trois ordres qui composaient la nation et dont le consentement était également nécessaire pour le vote de l'impôt* [2]. »

1. De la centralisation. Charles Garnier.

aise ar des ma istrats

« Terre heureuse, s'écriait un grand magistrat, où la ser-
vitude est inconnue. »

« Le royaume de France, dit Machiavel, est heureux et tran-
quille, parce que le roi est soumis à une infinité de lois qui
font la sûreté du peuple. » — « Son gouvernement, ajoute-t-il
ailleurs, est de notre temps celui qui est le plus tempéré par
les lois. »

Union de la nation et de ses rois, union admirable, que
pendant huit cents ans n'osa point troubler aucun souffle de
révolte, nnion providentielle qui jusqu'à présent a paru
nécessaire à la grandeur, à l'existence même de notre patrie,
puisque chaque fois qu'elle a été rompue, cette existence a
été en danger et que les efforts des Français ont paru mau-
dits et frappés de stérilité! nnion féconde qui a fait la France
telle qu'elle est encore aujourd'hui; sortant des mains de
Clovis, son premier roi, composée d'une seule province, et
successivement agrandie par chacun de ses successeurs, jusqu'à ces glorieuses frontières que la révolution et l'empire
viennent de nous faire perdre!
Politique sage, mariages, guerres heureuses, presque
jamais de conquêtes violentes, tels furent les moyens
employés qui nous donnèrent le Languedoc et le Poitou,
sous saint Louis; la Champagne et le Lyonnais sous Philippe
le Bel; le Dauphiné sous Philippe de Valois; la Saintonge
et le Limousin sous Charles VIII; la Guyenne et les provinces
conquises par les Anglais sous Charles VII; la Provence, la
Bourgogne et la Gascogne sous Louis XI; la Bretagne sous
Charles VIII; le Bourbonnais, la Marche et l'Auvergne sous
François Ier; Metz, Toul et Verdun sous Henri II; la Navarre,
le Béarn, les comtés de Foix et la Bresse sous Henri IV;
l'Alsace, le Roussillon, l'Artois, la Flandre, la Franche-
Comt'

enfin la Lorraine sous Louis XV [1]. Et c'est après dix siècles de ces gloires communes, que la France et la monarchie se sont séparées! — pour la perte de la France !

Ah ! renouons donc les anneaux brisés de ces liens qui nous furent si favorables. Le descendant des rois choisis par nos pères, Henri V, est près de nous : c'est celui que nous appelons le *roi légitime,* car c'est le *seul* [2] qui soit roi selon les lois du pays. Héritier de Hugues Capet, de Henri IV, de saint Louis, de Louis XIV et de Louis XVI; il est fils de ce duc de Berry, lâchement assassiné par la révolution, et petit-fils de Charles X, notre dernier roi.

La France salua sa naissance comme la naissance d'un fils; mais 1830 condamna sa jennesse et ses droits à l'exil; depuis quarante ans, il est là, évitant de se mêler à nos discordes, et de s'imposer à nos volontés; le seul qui eût le droit de revenir est le seul qui ne l'ait pas tenté; mais il croit que son heure viendra et que ce sera celle du salut de la France; sans la hâter, il s'y prépare par le malheur, l'étude, l'expérience, et de temps à autre vous appelle par des lettres admirables qui vous prouvent qu'il hérita de la sagesse de ses pères, et de leur amour pour notre patrie qui est aussi la sienne.

Ne lui répondrons-nous pas un jour, et si après de nouvelles épreuves il se présentait à nous avec ses droits séculaires, nos souvenirs communs, sa grande intelligence, son noble cœur et son drapeau, qui fut le nôtre, ne saurions-

---

1. Monarchie ou république. M. de Beaucourt.

2. La branche cadette des Bourbons, dite d'Orléans, n'a jamais eu ni revendiqué d'autres droits au trône que ceux de la révolution, — et par cette alliance forcée avec elle, ils en ont toujours professé les principes funestes, et en seraient toujours fatalement les serviteurs et les victimes s'ils tentaient encore une fois de s'emparer du pouvoir au détriment du roi légitime. Revenant à sa suite et reconnaissant ses droits, ils en seront, selon toute

nous plus prononcer ce cri de la France heureuse et glorieuse : Vive le roi !

Oui, revenons à Dieu et au roi. Avec la foi divine et
la monarchie nous retrouverons, soyez-en sûr, notre destinée providentielle, notre gloire, nos frontières peut-être...,
en tous cas l'ordre, la richesse, la paix intérieure, la paix
extérieure ou la guerre heureuse.

Avec le drapeau blanc qui jamais ne fut l'objet d'un
désastre, que ne souilla aucune tache, nous retrouverons
nos succès et notre honneur! Ne voyez-vous pas que Dieu
a maudit notre drapeau révolutionnaire? Pas une de ses
conquêtes n'a pu nous rester [1] ! Jamais le sang versé pour
ce drapeau n'a rien produit pour nous. Tout ce qu'il avait
conquis lui a été repris.

Glorieux drapeau blanc, arboré après les défaites subies
par l'ancien oriflamme de la France; drapeau qui nous a si
souvent conduits à la victoire ; drapeau à l'ombre duquel
s'est formée la France... salut! La révolution t'a chassé,
l'empire t'a exilé, le mal te déteste ; mais toi seul peux lutter
contre le drapeau rouge, peux rallier tous les cœurs honnêtes ! Drapeau blanc, symbole de l'honneur, de la foi, de
la vérité politique et de l'unité morale et matérielle, tu
reviendras un jour appelé par ceux mêmes qui te hon-
nissent aujourd'hui ; et alors, comme autrefois, Dieu te
donnera le pouvoir de sauver la France, de la guérir et de
la glorifier... Moi, de loin, avec confiance et respect, je
t'attends et je te salue !

1. Une colonne de bronze seule nous était restée attestant nos victoires!... la révolution l'a brisée et jetée dans la boue...

FRAGMENTS ET LETTRES

DE HENRI V

Après la mort de Charles X, son grand-père, et du comte de Marnes, duc d'Angoulême, son oncle, celui qui héritait de leur droit écrivait :

« Devenu, par la mort de M. le comte de Marnes, chef de la maison de Bourbon, je regarde comme un devoir de protester contre le changement qui a été introduit en France dans l'ordre légitime de succession à la couronne, et de declarer que je ne renoncerai jamais aux droits que, d'après les anciennes lois françaises, je tiens de ma naissance.

« Ces droits sont liés à de grands devoirs, qu'avec la grâce de Dieu je saurai remplir ; toutefois, je ne veux les exercer que lorsque, dans ma conviction, la Providence m'appellera à être véritablement utile à la France. »

« Je regarde les droits que je tiens de ma naissance, écrit-il le 4 février 1844 (lettre à M. Hyde de Neuville), comme appartenant à la France, et bien loin qu'ils puissent devenir, dans un intérêt personnel, une occasion de troubles et de malheurs pour elle, je ne veux jamais remettre le pied en France que lorsque ma présence sera utile à son bonheur et à sa gloire. »

Il n'a jamais cessé d'affirmer ces principes, et en 1848 il écrivait encore :

frirai jamais que mon nom soit prononcé lorsqu'il ne pourrait être qu'une cause de division et de trouble ; mais si les espérances du pays sont encore une fois trompées, si la France, lasse enfin de toutes ces expériences qui n'aboutissent qu'à la tenir perpétuellement suspendue sur un abîme, tourne vers moi ses regards et prononce elle-même mon nom comme un gage de sécurité et de salut, comme la garantie véritable des droits et de la liberté de tous, qu'elle se souvienne alors que mon bras, que mon cœur, que ma vie, que tout est à elle, et qu'elle peut toujours compter sur moi ! »

En 1866, lors des premiers triomphes de la Prusse sur l'Autriche, il laisse échapper ses inquiétudes, hélas ! impuissantes :

« Notre influence prépondérante, disait-il, a été profondément atteinte ; mais une sage et ferme conduite, sans témérité comme sans faiblesse, peut la relever. La France, avec son énergie, sa loyauté, son désintéressement prompt à se passionner pour toutes les grandes idées, à se dévouer pour toutes les justes causes, avec son armée aussi admirable par la discipline que par la valeur, avec sa puissante unité, œuvre des siècles, marchera toujours à la tête des nations ; sa grandeur est nécessaire à l'ordre, à la stabilité, au repos de l'Europe. Mais c'est une raison de plus pour ne pas négliger les conseils d'une politique prévoyante, pour ne pas accepter en silence ce que nos pères se sont efforcés d'empêcher dans tous les temps, pour ne pas laisser se former à nos portes deux vastes États, dont l'un surtout dispose d'une puissance militaire incontestable. Justement jaloux de l'honneur et de la dignité de notre belle patrie ; craignons pour elle jusqu'à l'ombre même d'un amoindrissement de l'in-

En 1869, lorsque l'empire entre dans une ère de réformes plus révolutionnaires que libérales, il semble avoir comme une vue prophétique des malheurs dont cette date sera pour la France le commencement :

« La France et la société entière sont menacées de nouvelles commotions. Poursuivre en dehors de la monarchie héréditaire les réformes légitimes que demandent avec raison tant d'esprits éclairés, chercher la stabilité dans les combinaisons de l'arbitraire et du hasard ; bannir le droit chrétien de la société ; baser sur des expédients l'alliance féconde de l'autorité et de la liberté, c'est courir au-devant de déceptions certaines. Ceux qui envahissent le pouvoir sont impuissants à tenir les promesses dont ils leurrent les peuples, après chaque crise sociale, parce qu'ils sont condamnés à faire appel à leurs passions au lieu de s'appuyer sur leurs vertus. Berryer l'a dit admirablement ; pour eux, gouverner, ce n'est plus éclairer et diriger la pensée publique, quelle qu'elle soit ; il suffit de savoir la flatter ou la mépriser ou l'éteindre. Pour la monarchie traditionnelle, gouverner, c'est s'appuyer sur les vertus de la France ; c'est développer tous ses nobles instincts ; c'est travailler sans relâche à lui donner ce qui fait les nations grandes et respectées : c'est vouloir qu'elle soit la première par la foi, par la puissance et par l'honneur. »

Nous trouvons dans un programme de gouvernement tracé de sa main ces sages idées :

« Décentraliser l'administration largement, mais progressivement et avec prudence, sans lui enlever l'initiative et la sécurité qu'elle doit à la tutelle de l'État ; la rendre plus expéditive, plus simple, moins dispendieuse, plus équitable, parce qu'elle resterait étrangère à des combinaisons poli-

atteindre, mais cela ne suffisait pas ; il fallait appliquer la décentralisation sur le terrain social et politique, pour « établir à la longue une hiérarchie naturelle, mobile, conforme par conséquent à l'esprit d'égalité ; » pour « multiplier et mettre à la portée de chacun les moyens d'être utile en se consacrant, selon ses facultés, à l'administration des intérêts communs ; » pour « entretenir par un concours incessant l'émulation du dévouement, de l'intelligence et de l'activité dans des carrières constamment ouvertes à tous ; » pour « régler et organiser la démocratie, et préserver ainsi l'ordre social des périls auxquels elle pourrait l'exposer ; » pour « donner à la France, avec la conscience réfléchie de ses besoins, une vie pleine, active, régulière, » et « créer les mœurs politiques sans lesquelles les meilleures institutions se dégradent et tombent en ruine. » En appelant tous les Français à s'occuper plus ou moins directement de leurs intérêts, « on verrait bientôt se former un personnel nombreux qui, à l'indépendance et à l'intégrité, joindrait l'expérience pratique des affaires. Alors les assemblées politiques, sorties pour ainsi dire des entrailles mêmes de la nation, aideraient le gouvernement à remplir sa haute mission, en lui apportant avec leur utile concours un contrôle aussi intelligent que dévoué, qui serait une force de plus, sans pouvoir être jamais un obstacle ou un péril. »

L'heure de nos malheurs a sonné, et le 9 octobre 1870 il écrit de la frontière de France :

« FRANÇAIS,

« Vous êtes de nouveau maîtres de vos destinées.

« Pour la quatrième fois depuis plus d'un demi-siècle, vos institutions politiques se sont écroulées, et nous sommes livrés aux plus douloureuses épreuves.

« La France doit-elle voir le terme de ces agitations sté-
riles, sources de tant de malheurs ? C'est à vous de répondre.

« Durant les longues années d'un exil immérité, je n'ai
pas permis un seul jour que mon nom fût une cause de division et de trouble; mais aujourd'hui qu'il peut être un gage
de conciliation et de sécurité, je n'hésite pas à dire à mon
pays que je suis prêt à me dévouer tout entier à son bonheur.

« Oui, la France se relèvera, si, éclairée par les leçons de
l'expérience, lasse de tant d'essais infructueux, elle consent
à rentrer dans les voies que la Providence lui a tracées.

« Chef de cette maison de Bourbon qui, avec l'aide de
Dieu et de vos pères, a constitué la France dans sa puissante
unité, je devais ressentir plus profondément que tout autre
l'étendue de nos désastres, et mieux qu'à tout autre il
m'appartient de les réparer.

« Que le deuil de la patrie soit le signal du réveil et des
nobles élans. L'étranger sera repoussé, l'intégrité de notre
territoire assurée, si nous savons mettre en commun tous
nos dévouements et tous nos sacrifices.

« Ne l'oubliez pas; c'est par le retour à ses traditions de
foi et d'honneur, que la grande nation, un moment affaiblie,
recouvrera sa puissance et sa gloire.

« Je vous le disais naguère : gouverner, ne consiste pas
à flatter les passions des peuples, mais à s'appuyer sur leurs
vertus.

« Ne vous laissez plus entraîner par de fatales illusions.
Les institutions républicaines, qui peuvent correspondre aux
aspirations de sociétés nouvelles, ne prendront jamais racine
sur notre vieux sol monarchique.

« Pénétré des besoins de mon temps, toute mon ambition
est de fonder avec vous un gouvernement vraiment national,
ayant le droit pour base, l'honnêteté pour moyen, la grandeur morale pour but.

« Effaçons jusqu'au souvenir de nos dissensions passées, si funestes au développement du véritable progrès et de la vraie liberté.

« Français, qu'un seul cri s'échappe de notre cœur :

« Tout pour la France, par la France et avec la France !

                                        « HENRI.

« Frontière de France
      (Suisse), 9 octobre 1870. »

LETTRE DE HENRI V

A UN MEMBRE DE L'ASSEMBLÉE NATIONALE.

Comme vous, mon cher ami, j'assiste l'âme navrée aux cruelles péripéties de cette abominable guerre civile qui a suivi de si près les désastres de l'invasion.

Je n'ai pas besoin de vous dire combien je m'associe aux tristes réflexions qu'elle vous inspire, et combien je comprends vos angoisses.

Lorsque la première bombe étrangère éclata sur Paris, je ne me suis souvenu que des grandeurs de la ville où je suis né. J'ai jeté au monde un cri d'indignation qui a été entendu. Je ne pouvais rien de plus, et aujourd'hui, comme alors, je suis réduit à gémir sur les horreurs de cette guerre fratricide.

Mais ayez confiance, les difficultés de cette douloureuse entreprise ne sont pas au-dessus de l'héroïsme de notre armée.

les partis, préoccupés de savoir ce que je veux, ce que je désire, ce que j'espère.

Faites bien connaître mes pensées les plus intimes et tous les sentiments dont je suis animé.

Dites-leur que je ne les ai jamais trompés, que je ne les tromperai jamais, et que je leur demande, au nom de nos intérêts les plus chers et les plus sacrés, au nom de la civilisation, au nom du monde entier, témoin de nos malheurs, d'oublier nos dissensions, nos préjugés et nos rancunes.

Prémunissez-les contre les calomnies répandues dans l'intention de faire croire que, découragé par l'excès de nos infortunes et désespérant de l'avenir de mon pays, j'ai renoncé au bonheur de le sauver.

Il sera sauvé le jour où il cessera de confondre la licence avec la liberté, il le sera surtout quand il n'attendra plus son salut de ces gouvernements d'aventure qui, après quelques années de fausse sécurité, le jettent en d'effroyables abîmes.

Au-dessus des agitations de la politique, il y a une France qui souffre, une France qui ne peut pas périr, et qui ne périra pas; car lorsque Dieu soumet une nation à de pareilles épreuves, c'est qu'il a encore sur elle de grands desseins.

Sachons reconnaître enfin que l'abandon des principes est la vraie cause de nos désastres.

Une nation chrétienne ne peut pas impunément déchirer les pages séculaires de son histoire, rompre la chaîne de ses traditions, inscrire en tête de sa constitution la négation des droits de Dieu, bannir toute pensée religieuse de ses codes et de son enseignement public. Dans ces conditions, elle ne fera jamais qu'une halte dans le désordre; elle oscillera perpétuellement entre le césarisme et l'anarchie, ces deux formes également honteuses des décadences païennes, et n'échappera pas au sort des peuples infidèles à leur mission.

taires des hommes éclairés, comme vous, sur les besoins de leur temps, mais non moins pénétrés des principes nécessaires à toute société qui veut vivre dans l'honneur et dans la liberté.

C'est pourquoi, mon cher ami, malgré ce qui reste de préjugés, tout le bon sens de la France aspire à la monarchie. Les lueurs de l'incendie lui font apercevoir son chemin ; elle sent qu'il lui faut l'ordre, la justice, l'honnêteté, et qu'en dehors de la monarchie traditionnelle elle ne peut rien espérer de tout cela.

Combattez avec énergie les erreurs et les préventions, qui trouvent un accès trop facile jusque dans les âmes les plus généreuses.

On dit que je prétends me faire décerner un pouvoir sans limite. Plût à Dieu qu'on n'eût pas accordé si légèrement ce pouvoir à ceux qui, dans les jours d'orage, se sont présentés sous le nom de sauveurs ; nous n'aurions pas la douleur de gémir aujourd'hui sur les maux de la patrie.

Ce que je demande, vous le savez, c'est de travailler à la régénération du pays ; c'est de donner l'essor à toutes ses aspirations légitimes ; c'est, à la tête de toute la Maison de France, de présider à ses destinées en soumettant avec confiance les actes du Gouvernement au sérieux contrôle de représentants librement élus.

On dit que la monarchie traditionnelle est incompatible avec l'égalité de tous devant la loi.

Répétez bien que je n'ignore pas à ce point les leçons de l'histoire et les conditions de la vie des peuples. Comment tolérerais-je des priviléges pour d'autres, moi qui ne demande que celui de consacrer tous les instants de ma vie à la sécurité et au bonheur de la France, et d'être toujours à la peine avant d'être avec elle à l'honneur ?

que je suis résolu à lui obtenir d'efficaces garanties. On dit vrai.

La liberté de l'Église est la première condition de la paix des esprits et de l'ordre dans le monde. Protéger le Saint-Siége fut toujours l'honneur de notre patrie et la cause la plus incontestable de sa grandeur parmi les nations. Ce n'est qu'aux époques de ses plus grands malheurs que la France a abandonné ce glorieux patronage.

Croyez-le bien, je serai appelé, non-seulement parce que je suis le droit, mais parce que je suis l'ordre, parce que je suis la réforme, parce que je suis le fondé de pouvoir nécessaire pour remettre en sa place ce qui n'y est pas, et gouverner avec la justice et les lois, dans le but de réparer les maux du passé, et de préparer enfin un avenir.

On se dira que j'ai la vieille épée de la France dans la main, et dans la poitrine ce cœur de Roi et de Père qui n'ai point de parti. Je ne suis point un parti, et je ne veux pas revenir pour régner par un parti. Je n'ai ni injure à venger, ni ennemis à écarter, ni fortune à refaire, sauf celle de la France; et je puis choisir partout les ouvriers qui voudront loyalement s'associer à ce grand ouvrage.

Je ne ramène que la religion, la concorde et la paix, et je ne veux exercer de dictature que celle de la clémence, parce que, dans mes mains, et dans mes mains seulement, la clémence est encore la justice.

Voilà, mon cher ami, pourquoi je ne désespère pas de mon pays, et pourquoi je ne recule pas devant l'immensité de la tâche.

La parole est à la France, et l'heure à Dieu.

HENRI.

8 mai 1871.

Enfin, voici les dernières paroles que Henri V nous adressa du château de Chambord, où il était venu passer quelques heures et recevoir les hommages de ses fidèles amis. Puissent-elles trouver un écho dans vos cœurs et vous révéler où est la vérité, et avec elle le bonheur et la liberté :

« FRANÇAIS!

« Je suis au milieu de vous. Vous m'avez ouvert les portes de la France et je n'ai pu me refuser le bonheur de revoir ma patrie.

« Mais je ne veux pas donner, par ma présence prolongée, de nouveaux prétextes à l'agitation des esprits, si troublés en ce momeut.

« Je quitte donc ce Chambord que vous m'avez donné et dont j'ai porté le nom avec fierté depuis quarante ans, sur les chemins de l'exil. En m'éloignant, je tiens à vous le dire, je ne me sépare pas de vous, la France sait que je lui appartiens.

« Je ne puis oublier que le droit est le patrimoine de la nation, ni décliner les devoirs qu'il m'impose envers elle. — Ces devoirs, je les remplirai, croyez-en ma parole d'honnête homme et de Roi.

« Dieu aidant, nous fonderons ensemble et quand vous le voudrez, sur les larges assises de la décentralisation administrative et des franchises locales, un gouvernement conforme aux besoins réels du pays. — Nous donnerons pour garantie à ces libertés publiques, auxquelles tout peuple chrétien a droit, le suffrage universel honnêtement pratiqué et le contrôle des deux Chambres, et nous reprendrons, en lui restituant son caractère véritable, le mouvement national de la fin du dernier siècle.

« Une minorité révoltée contre les vœux du pays en a fait

le point de départ d'une période de démoralisation par le mensonge et de désorganisation par la violence. Ses criminels attentats ont imposé la révolution à une nation qui ne demandait que des réformes, et l'ont dès lors poussée vers l'abîme où hier elle eût péri, sans l'héroïque effort de notre armée.

« Ce sont les classes laborieuses, ces ouvriers des champs et des villes, dont le sort a fait l'objet de mes plus vives préoccupations et de mes plus chères études, qui ont le plus souffert de ce désordre social.

« Mais la France, cruellement désabusée par des désastres sans exemple, comprendra qu'on ne revient pas à la vérité en changeant d'erreur; qu'on n'échappe pas par des expédients à des nécessités éternelles.

« Elle m'appellera et je viendrai à elle tout entier, avec mon dévouement, mon principe et mon drapeau.

« A l'occasion de ce drapeau, on a parlé de conditions que je ne dois pas subir.

« Français! Je suis prêt à tout, pour aider mon pays à se relever de ses ruines et à reprendre son rang dans le monde; le seul sacrifice que je ne puisse lui faire, c'est celui de mon honneur.

« Je suis et veux être de mon temps; je rends un sincère hommage à toutes ses grandeurs, et, quelle que fut la couleur du drapeau sous lequel marchaient nos soldats, j'ai admiré leur héroïsme et rendu grâce à Dieu de tout ce que leur bravoure ajoutait au trésor des gloires de la France.

« Entre vous et moi, il ne doit subsister ni malentendu ni arrière-pensée.

« Non, je ne laisserai pas, parce que l'ignorance ou la crédulité auront parlé de priviléges, d'absolutisme et d'in-

fantôme que la plus audacieuse mauvaise foi essaye de ressusciter à vos yeux, je ne laisserai pas arracher de mes mains l'étendard de Henri IV, de François Ier et de Jeanne d'Arc.

« C'est avec lui que s'est faite l'unité nationale, c'est avec lui que vos pères, conduits par les miens, ont acquis cette Alsace et cette Lorraine dont la fidélité sera la consolation de nos malheurs.

« Il a vaincu la barbarie sur cette terre d'Afrique, témoin des premiers faits d'armes des princes de ma famllle; c'est lui qui vaincra la barbarie nouvelle dont le monde est menacé.

« Je le confierai sans crainte à la vaillance de notre armée; il n'a jamais suivi, elle le sait, que le chemin de l'honneur.

« Je l'ai reçu comme un dépôt sacré du vieux Roi mon aïeul, mourant en exil; il a toujours été pour moi inséparable du souvenir de la patrie absente; il a flotté sur mon berceau, je veux qu'il ombrage ma tombe.

« Dans les plis glorieux de cet étendard sans tache, je vous apporterai l'ordre et la liberté.

« Français! Henri V ne peut abandonner le drapeau blanc de Henri IV. »

HENRI.

Chambord 5 juillet 1871.

IMPRIMERIE J. CLAYE
RUE SAINT-BENOIT 7
LABOR
PARIS

www.ingramcontent.com/pod-product-compliance
Lightning Source LLC
Chambersburg PA
CBHW061217030726
47595CB00004B/1294